El cultivo más común de México es el maíz. Crece en muchos campos grandes y pequeños, que se llaman milpas. Con tanto maíz, es natural que se use en muchos platillos mexicanos. Esos platillos son tan sabrosos que ahora son populares en muchos países, como por ejemplo, aquí en los Estados Unidos.

El maíz es un vegetal y se prepara de muchas maneras. Veamos algunas maneras de prepararlo.

El maravilloso maíz de MÉXICO

Margarita González-Jensen

Rigby

Para mamá, por todas sus tortillas preparadas con amor

© 1997 by Rigby,
a division of Reed Elsevier, Inc.
500 Coventry Lane
Crystal Lake, IL 60014

All rights reserved. No part of this publication may be reproduced or transmitted in any form or by any means, electronic or mechanical, including photocopying, recording, taping, or any information storage and retrieval system, without permission in writing from the publisher.

00 99 98 97
10 9 8 7 6 5 4 3 2

Printed in the United States of America

ISBN 0-7635-3181-2

Fotografías
portada Sharon Hoogstraten
contraportada Sharon Hoogstraten
1 Sharon Hoogstraten
3 Ken Garrett/National Geographic Image Collection
4–5 Sharon Hoogstraten
6 S. Dooley/Gamma Liaison
7–16 Sharon Hoogstraten

Mucha gente come el maíz tierno en su forma natural, recién cosechado de las milpas. Los elotes tiernos se pueden hervir en agua o asar sobre brasas. Son deliciosos solos o con sal y mantequilla.

Los elotes preparados de esta manera son tan populares en México que los venden en las plazas. El dulce olor del elote atrae a la gente desde lejos. Los elotes se pueden sazonar con varios sabores. Son deliciosos con mayonesa, chile o limón. Los mexicano-americanos han conservado esta rica tradición, y ahora se venden elotes en parques y calles de los Estados Unidos.

No todo el maíz se recoge cuando está tierno. Una parte se deja en la planta para que se seque y después se muele. Al secarse, los granos del maíz siguen creciendo pero pierden lo tierno. A ese maíz seco se le llama mazorca en México. La mazorca se desgrana y los granos se tuestan y se muelen hasta formar un polvo fino que se llama pinole. El pinole se come seco como golosina.

Seguro que alguna vez has comido maíz palomero. Al calentarlo, se revienta y parece bolitas de algodón. Las llamamos palomitas de maíz. Las palomitas son una botana muy rica y saludable para ti y tus amigos.

En México la mayoría del maíz se prepara para nixtamal. Los granos de mazorca se hierven en agua con cal hasta que se abren. Eso es lo que llamamos nixtamal. El nixtamal se muele en molinos para hacer masa. De la masa de maíz se pueden hacer tortillas y muchas comidas deliciosas.

Cuando la masa se mezcla con agua, piloncillo, leche y canela se llama atole. El atole es muy sabroso. Si le pones chocolate a tu atole, se llama champurrado. ¡A los niños les encanta!

Con la masa se hacen tamales. Las familias preparan tamales para las fiestas y para la Navidad. Para hacer tamales, se pone masa en una hoja de maíz y se rellena con carne o pollo. Luego se envuelve, se amarra y se cocina al vapor. Muchas familias también preparan tamales dulces para postre. ¡Qué buena manera de comer maíz y celebrar con la familia!

Las tortillas de maíz son un alimento tradicional de México. Se forman bolitas de masa, se tortean hasta que quedan delgaditas y luego se cuecen en un comal. Algunas familias todavía hacen tortillas a mano. Las tortillas son parte de muchos platillos mexicanos.

A muchos niños les gusta comer las tortillas recién hechas. Las enrollan y se las comen solas. Una tortilla rellena de queso derretido es una quesadilla. Las tortillas enrolladas con carne y salsa se llaman enchiladas. Se les pone queso y crema por encima y son deliciosas.

Con las tortillas fritas se hacen tostadas y algunos tacos. Si se parten en trocitos para comer como botana, se llaman tostaditas. ¡Las tostaditas hacen un "cric" muy sabroso cuando las mordemos!

Las tortillas también se pueden cortar en cuadritos y cocinar. Los cuadritos que se fríen con huevos se llaman migas. Las migas son deliciosas al desayuno. Los chilaquiles son pedazos de tortilla cocinados en salsa de tomate con chile y queso. ¡Cuidado con los chilaquiles, pues pueden ser muy picosos!

¡Qué maravilloso es el maíz! ¡Nos da toda clase de comidas y lo podemos comer a cualquier hora del día!

TORTILLAS

Ingredientes (para 24 tortillas):

4 tazas de harina para tortillas

3 tazas de agua tibia

Pide la ayuda de un adulto para hacer las tortillas.

1. Calienta muy bien un sartén o comal.

2. En un tazón, combina los ingredientes hasta formar una bola grande. Amásala bien.

3. Con las manos mojadas, forma 24 bolitas de masa.

4. Aplasta cada bolita entre dos pedazos de plástico hasta formar un círculo. Luego, quita los pedazos de plástico uno por uno con mucho cuidado.

5. Pon a cocer cada tortilla 30 segundos de un lado. Dale la vuelta y sigue cociéndola 1 minuto. Dale otra vuelta y cuécela 30 segundos más.

Para disfrutar las tortillas, enróllalas con mantequilla, queso o frijoles refritos. ¡Qué sabrosas!